The Storm

What blinding storm there was! How it
Flashed with a leap and lance of nails,
    Lurching, O suddenly
    Over the lambing hills,

Hounding me there! With sobbing lungs
I reeled past kirk and alehouse
    And the thousand candles
    Of gorse round my mother's yard,

And down the sand shot out our skiff
Into the long green jaws, while deep
    In summer's sultry throat
    Dry thunder stammered.

Swiftly the sail drew me over
The snarling Sound, scudding before
    The heraldic clouds now
    Rampant all around.

The sea — organ and harps — wailed miserere;
Swung me in fluent valleys, poised
    On icy yielding peaks
    Hissing spume, until

Rousay before me, the stout mast
Snapped, billowing down helpless sail.
    What evil joy the storm
    Seized us! plunged and spun!

And flung us, skiff and man (wave-crossed, God-lost)
On a rasp of rock!... The shore breakers,
    Stained chancel lights,
    Cluster of mellow bells,

Crossed hands, scent of holy water...
The storm danced over all that night,
    Loud with demons, but I
    Safe in Brother Colm's cell.

Next morning in tranced sunshine
The corn lay squashed on every hill;
    Tang and tern were strewn
    Among highest pastures.

I tell you this, my son: after
That Godsent storm, I find peace here
    These many years with
    The Gray Monks of Eynhallow.

George Mackay Brown

Gedichte

Ausgewählt

und aus dem Englischen übersetzt

von Esther Garke

Bodoni Druck 36

Waldgut

Die Gedichte stammen aus den folgenden Originalausgaben

Selected Poems 1954—1983, 1990, John Murray, London
The Wreck of the Archangel, 1989, John Murray, London
Scotsman, 12 10 1991, Edinburgh
Winterfold, 1976, Chatto & Windus with the Hogarth Press, London
Voyages, 1983, Chatto & Windus with the Hogarth Press, London
Following a Lark, 1996, John Murray, London

Inhalt

Seite		Englische Texte	Englische Ausgabe
1		The Storm	Selected Poems
7	Der Sturm		
9	Orkney, Die Walfisch-Inseln		The Wreck of the Archangel
10	Lied, Hinter Hoy		Selected Poems
11	Der Hamnavoe Mann		Scotsman, 12 10 91
12	Der Dichter		Selected Poems
13	Steuereintreiber		Selected Poems
14	Strandstreicher		Selected Poems
15	Ungeliebter Fischer		Winterfold
16	Der Feigling	The Coward	Selected Poems
17	Butter	Butter	Selected Poems
18	Wege	Roads	Selected Poems
19	Reisender		Selected Poems
21	Forellenfischer		Selected Poems
22	Knecht		Selected Poems
23	Bauerntod		Selected Poems
24	Friedhof		Selected Poems
25	Meeresrunen		Selected Poems
	Fünf Klippen		
	Kirchenältester		
	Bauer-Fischer		
	Krämer		
	Neues Boot		
	Fischhändler		
26	Hügelrunen		Selected Poems
	Durst		
	Kirchenältester		
	Schmiede		
	Friedhof		
	Traktor		
27	Das Jahr des Wals		Selected Poems
28	Hamnavoe		Selected Poems
30	Eynhallow, Bauer und Kloster		Winterfold
31	Robbeninsel-Anthologie (Auswahl)		Selected Poems
	31 Markttag		
	31 Pfarrer		
	31 Fischerboote im Nebel		
	32 Witwer		
	32 Bauersfrau		

Seite		Englische Texte	Englische Ausgabe
	32 Totenköpfe		
	33 Schmied		
	33 Brief		
	33 Weisheit		
	34 Amerikaner		
	34 Pflügerwettkampf		
	34 Uhr		
	34 Vogelscheuche		
	35 Neid		
	35 Katze		
	36 Der Gutsherrengarten		
	36 Grabstein		
	37 Nordlicht		
	37 Schnee und Tau		
	38 Warmbier		
	38 Wanderer		
39	Der Falke		Selected Poems
40	Torfstechen		Selected Poems
41	Liebesbrief		Selected Poems
42	Kinderkalender		Selected Poems
43	Sally, Ein Idyll		Voyages
45	Der große Wind	The Big Wind	Selected Poems
46	Schneemann	Snowman	The Wreck of the Archangel
47	Fischer im Winter		The Wreck of the Archangel
48	Ein Wintermärchen		The Wreck of the Archangel
50	Lux Perpetua	Lux Perpetua	Following a Lark
51	Der sechzehnte April		Selected Poems
52	Arbeit für Dichter	A Work for Poets	Following a Lark
53	Nachwort von Beat Brechbühl		

Der Sturm

Was für ein blind brechender Sturm! Er stürzte und
Sprang mich an, ein Speer voller Nägel,
    Er torkelte rasend
    Über die lammenden Hügel

Und jagte mich weiter! Mit röchelnder Lunge
Wirbelte ich vorbei an Kirche und Kneipe,
    Vorbei an tausend Ginsterkerzen
    In Mutters Garten,

Über Sand schliff unser Boot,
Hinein in den langen grünen Rachen, dorthin, wo tief unten,
    Im Schlund des schwülen Sommers
    Trockener Donner stotterte.

Das Segel knatterte, es zerrte mich
Über den fauchenden Sund
    Und peitschte die von überall her quellenden
    Wolkenballen vor sich her.

Das Meer war Orgel und Harfe, klagte Miserere,
Es schwang mich in steile Täler hinab,
    Schlingerte auf eisigen Spitzen
    Des zischenden Gischtes, bis

Kurz vor Rousay der mächtige Mast barst,
Das schlappe Segel sich im Sinken blähte.
    Hohn brüllend packte uns der Sturm,
    Tunkte, schwenkte und schleuderte

Das Boot und den gottverlassenen Mann
Auf einen Felsen!... Unten die Brandung,
    Hier drin rote Altarlichter,
    Sanfte Glockenakkorde,

Gekreuzte Hände, Weihwasserduft...
Der Sturm tanzte und heulte besessen
    Die ganze Nacht — ich aber stand
    Sicher in Bruder Colms Klause.

Am nächsten Morgen sah ich benommen die Sonne;
Das Korn lag geknickt auf den Hügeln,
    Schwalben und Tang waren versprengt
    Droben auf den Weiden.

Ich sage dir, mein Sohn, nach diesem
Gottgesandten Sturm hab ich hier Frieden gefunden
    All die Jahre,
    Bei den grauen Mönchen von Eynhallow.

Orkney
Die Walfisch-Inseln

Scharfer Gischt schäumte auf
Beim Wenden des Bugs.
Der Steuermann rief:
«Entweder Wale steuerbords,
Oder dieser Sturm
Schleudert uns nach Thule,
Dem Nachbarn der Eisberge,
Unter dem Nordstern.»

Sonnenuntergang. Wir ankerten
In einer weiten Bucht.
Sterneggen
Durchfurchten unsern dünnen Schlaf.
Dämmerung. Ein Regenbogen zerfiel
Über Orc, den Walfisch-Inseln.

«Die Wale bringen Korn, Fell und Honig ein
Für dieses Volk», sagte der Schiffer.
Und der Dichter sprach:
«Soll die Fischbeinharfe
Goldwörter aus meinem Munde spielen.»

Lied
Hinter Hoy

Hinter Hoy
tuscheln die Nixen
durch Elfenbeinmuscheln
übersprudeln will ihr Geraune

Hinter der Geschichte
kitten Sagen
vergrabene Bruchstücke
von Vasen und Säulen

Hinter dem Ruhm
Bagatellen und Visionen,
die Eremitenklause
unterm Berg

Hinter dem Lied
lautloses Erwachen
der Landkinder
stumme Harfe

Hinter dem Tod
kommen eure Füße
in den Wald, den dunklen Wald,
wo Liebe umgeht, allein.

Der Hamnavoe Mann

Ein Kind in einem Meerestümpel,
Salz auf der Zunge

Ein Junge auf der Mole,
Straffe, tropfende Angel und zappelndes Silber:
Ein Dorsch

Ein Bursche bei Yesnaby
Rettet Reusen
Aus dem rot wachsenden Westen

Ein Mann und eine Frau,
Lampenschein, Teller mit Schellfisch,
Kartoffeln, Butter,
Und das Kind in der schiffförmigen Wiege

Ein Greis auf einer Fischkiste
Schmaucht seine Pfeife,
Der Blick überm Horizont

Der Stein auf dem Friedhof,
Die Stimme des Meeres
Allüberall.

Der Dichter

Also trübte er nicht mehr den Teich des Schweigens.
Sondern nahm Maske und Mantel,
Bezog die Gitarre
Und mischte sich unters Volk.

Im Tanz riefen sie:
«Hei, wie sind unsre lahmen Inseln
Wieder fröhlich, seit der blinde Vagantenpoet
Die Kirmes stürmt!»

Unter der letzten toten Lampe,
Als Tänzer und Masken ins Haus gingen,
Kehrte sein kalter Blick
Zur wahren Aufgabe zurück:
Befragung des Schweigens.

Steuereintreiber

Sieben Sensen lehnten an der Wand.
Eine goldene Granne auf der andern —
So schwankte die letzte Gerstenladung
Über den Hof.
Die Mädchen zapften das Bier an.
Fiedel und Füße tanzten im Takt.

Da ritt zwischen Stoppeln und Heidekraut
Ein Reiter heran.

Strandstreicher

Montag: Einen Stiefel gefunden —
Rost und Salzleder.
Gab ihn dem Meer zurück, als Tanzschuh.

Dienstag: Ein Rundholz, dreißig Schilling wert.
Im nächsten Winter
Ists ein Stuhl, ein Sarg, ein Bett.

Mittwoch: Eine halbe Dose Schwedensprit.
Ich kippte den Kopf in den Nacken.
Das Ufer wimmelte von Nixen und Engeln.

Donnerstag: Nichts. Nur Algen,
Eine Barte,
Nasse Füße, starker Husten.

Freitag: Hob einen Seemannsschädel hoch,
Sand rieselte heraus —
Wie aus der Sanduhr auf Grabsteinen.

Samstag: Ein Fass matschiger Orangen,
Ein spanisches Schiff
Lief kürzlich beim Kame auf Grund.

Sonntag: Aus Furcht vor den Kirchenältesten
Rauch ich im Versteckten.
Der Himmel? Eine Seekiste mit tausend Goldmünzen.

Kame ist eine der fünf Klippen vor der Insel Hoy.
Siehe auch ‹Meeresrunen›.

Ungeliebter Fischer

Sie trugen den Zweimetersarg
Hinab zum Meer.
In Quoylay sieht man nie mehr Netzraub
Und Frevel.

(Wer ist der Tote? Ein Mann
Ohne Freunde.
Gott schenk uns mehr Mitleid,
Wenn das Ende naht.

Ist es der Gutsherr? Dieser Große,
Der mit den fünf, sechs Schmeichlern?
Könnt wohl im langen Steinheim sein —
Doch wer wollte trauern?

Ist es Ezra, der Kessler? Ach nein,
Da gäbe es Pfeifer, die spielten,
Boxkämpfe, Tänze und Whisky,
Wenn man ihn hinlegte.

Ist es Swart, der Bier und Rum
So knapp bemisst? Der könnte auf der Theke
Längelang liegen bis ans Ende der Welt,
Keiner trauerte um ihn.

Wer ist der ungeliebte Tote?
Die Füße schlurfen den Gräbern entlang.
«Des Menschen Tage
Sind kurz wie Gras.»)

Die emsigen, nun kalten Hände,
Im Schutz der Kirche gefaltet,
Raubten sieben Winter im Westen
Hering und Hai.

In Quoylay sieht man nie mehr sündvolle Wiegen.
Herzhaft sind die Händel nun,
Ohne Augenausstechen, Fluchen und Scherben,
Samstagnacht.

Der Feigling

Den ganzen Montag saß er am Feuer, Stoney der Fischer,
Mit bellendem Husten.
Bis Jean beim Krämer ein sicheres Heilmittel holte.
Aus Schreck vor dem schwarzen Saft in der Flasche
Verschwand er, als Jean draußen dem Huhn Eier abluchste,
Und hustete sich zum Bootsplatz,
Stieß die ‹Belle› mit Ruck und Gerassel
Ins Meer, grün und dröhnend
Wie Stoney, geschüttelt von Krämpfen.

Spät kehrte er heim
Mit zwanzig Hummer, mit Dorsch wie Sterne,
    und einem Rochen,
Breit und hell wie der Mond,
Und dem Teufel: dem Husten.

Er fühlte sich reich wie der Gutsherr,
    als er die Reusen auslud.
Dort aber wartete — die treue Penelope am Strand —
Jean mit dem Löffel
Und der Phiole, die von Warzen bis Schwindsucht
    alles heilt.

The Coward

All Monday he sat by the fire, Stoney the fisherman
Loud with a hoast,
Till Jean bought a guaranteed nostrum from the van.
In terror at the black stuff in the bottle,
When Jean was out, luring eggs from the hen,
He coughed his way to the noust
And launched the *Belle* with a lurch and a rattle
Into a sea
Shaken with spasms as loud and green as he.

He came back late
With a score of lobsters, sillock like stars, a skate
As wide and bright as the moon
And devil the hoast.

He felt as rich as the laird as he landed his creels.
But there, a patient Penelope on the coast,
Stood Jean with a spoon
And the phial that, warts to consumption, cured all ills.

Butter

Wo bleibt meine Butter? Der Krämerwagenmann —
er nahm sieben Pfund und einen Korb warmer Eier
im Tausch gegen Marmelade, Zucker, Tee und Öl.
Den Landstreichern gab ich ein Stück,
um unseren Stall vor Verwünschungen zu schützen.
Ein Eckchen strich ich auf den feuchten Torf,
um eine Flamme hervorzulocken.
Auch ist die Zunge der Katze gelb, garantiert.
Fürs Brot des Fischers blieb bloß ein Klacks —
wie ein Hauch Sonne an einem trüben Tag.

Zornig blickt die alte Kuh mich an.

Butter

What's come of my churning? The van-man, he took
seven pounds, and a basket of warm eggs, for jam,
sugar, tea, paraffin. I gave the tinkers a lump,
to keep the black word from our byre. I put some
on the damp peats, to coax a flame. I swear the
cat has a yellow tongue. There was only a scrape
for the fisherman's bannock, like a bit of sun on
a dull day. The old cow is giving me a mad look.

W e g e

Der Weg zum Bach —
Eimer, Tratsch und graue Wäsche.

Der Weg zum Ufer —
Salz und Teer.

Der Weg zum Torfstich
heißt Falkenweg.

Der Weg zur Kirche —
ein Weg des Schweigens.

Pflügerfüße
traten einen Weg aus zu Lampe und Fass.

Der Weg vom Laden —
Brot, Zucker, Öl, Zeitungen und Tratsch.

Landstreicher und Hirten —
ihr Weg ist der ganze runde Hügel.

R o a d s

The road to the burn
Is pails, gossip, gray linen.

The road to the shore
Is salt and tar.

We call the track to the peats
The kestrel road.

The road to the kirk
Is a road of silences.

Ploughmen's feet
Have beaten a road to the lamp and barrel.

And the road from the shop
Is loaves, sugar, paraffin, newspapers, gossip.

Tinkers and shepherds
Have the whole round hill for a road.

Reisender

Für Dennis O'Driscoll

Am dritten Tag
Kamen wir ins Land der Wale.
Kein Wal; das Netz
Voll wimmelnder Heringe.
Losgelassen, flatterte
Der Rabe über verborgenen Inseln.

Am achten Tag
Holte am Strand uns
Ein Butterblumenzopf ab.
Gudrun hieß sie.
Ein Glockenblumenauge
Führte uns ins Haus zu Mann,
Harfe, Trinkhorn, feinen Flammenblumen.
Gefesselt von so vielen Flammen
Findet keiner Ruhm noch Gold.

Am zwanzigsten Tag
Trotzten wir trübem Gestrudel und
Wütenden Wasserwebstühlen.
Da verließ uns die ‹Hawkwing›:
Ob geborsten in Weberschiffchen aus Salz,
Oder westwärts auf eigenem Beutezug —
Wir wussten es nicht.

Pech hatten wir
Mit den heiligen Kreuzen, den Hallen
Von gälischen Anführern:
Leer war alles, und alles
Trug das bekannte Brandmal.
Unsere Ahnen
Waren vor uns schon hier gewesen.
Unsere Ahnen vermachten uns
Schöne Sagen, versengte Steine.

Wir saßen hungrig
Zwischen Meer und Berg.

Am hundertsten Tag,
Unter dem vierten Mond.

Ragna, ich schreibe dies
Aus einem irischen Dorf.
Bist du noch auf dieser Welt,
Webst du, mahlst du, presst du Käse?
Wenn ichs nur wüsste.

Ich bin jetzt grau und buckelig.
Lang ist es her, seit ich die neue Sprache lernen musste.
Ich hüte Pferde auf dem Feld.

Wie finde ich heute, nach zehntausend Tagen
Voll Regen, Kälte, Lerchenlied
Den Weg nach Hause,
Ins Hafenviertel von Drontheim?

Forellenfischer

Semphill, mit seinem Hut voller Haken,
    Sitzt biertrinkend
        Bei englischen Fischertouristen
    Und verbessert gründlich
          Deren Fehler beim Auswerfen, Einziehen, Köderwählen.
«Macht nie», mahnt er, «was in den Büchern steht.»
    Und schon, verdächtig weise,
        Lassen sie die tropfnassen Ruder am See
Und werfen erwürgtes, mattes Zeug auf die Waage.

«Vergebt mir, ihr Seeforellen»,
    Sagt Semphill dann,
        «Und ihr Schwäne und Enten auf diesem Gewässer.
    Die Fremdlinge hier
        Nutzen meine Armut
Und schwatzen mir all mein See-Wissen ab,
        So dass ihr Gemetzel
          In Töchter- und Frauenohren nach großem Können klingt.
        Und ich, ich verrate den See für einen Silberling.»

Knecht

«Gott, bin ich noch nicht tot?», fragte Ward,
    Als ihn schon wieder im Morgengrauen die Geräusche weckten:
       Eine Amsel raschelte im Laub, begann zu trällern,
Und am Hafen
       Betätigten die Möwen ihre barbarischen Kehlen
        Über den Reusen, den Angeln und Booten.
   Sein Todesschmerz
       Verhedderte sich den ganzen Tag in diesem lyrischen Filz.

«Siebzig Jahre lang machte ich es mit», sagte Ward,
   «Ging im dunklen Winter
      Das Pferd füttern, ein Licht in der Hand,
Schnee im Bart,
      Drosch in der langen Scheune
       Aus knausrigem Korn Brot und Bier,
   Machte noch so vieles mehr!»

        Eine Lerche stürzte als blitzende Nadel
         In den Westen hinab.

Bauerntod

Sie verlassen das stille Tal,
Sobald der Tag anbricht.
Schädel, Knochen — ausgegraben
Aus einem vollen Grab.
Gebeugt von siebzig Jahren, sonnenwärts unterwegs,
Könnten sie im Friedhof ihre Honigwabe sehen.
Sie meißeln für ein paar Jahre
Einen Namen in verwitternden Stein.
Der Hügelweg schleppt sie wieder
Zum Hunger zurück.
Im Tal warten Reusen auf Köder,
Ein Acker auf Saat.

Friedhof

Ein schweigendes, siegreiches Heer:
Die Inseltoten,
In Reih und Glied, jedem sein Steinbanner
Überm Haupt.

Eine grüne, fischvolle Welle
Trieb hinaus
Zu wogenden, im Westen verebbenden Untiefen,
Hinter Senkblei oder Stern.

Ein Irrgarten von eingesperrtem,
Wächsernem Schmerz.
Und doch komme ich oft zur Honigwabe
   und schlürfe den verblichenen
Menschenduft.

Meeresrunen

Fünf Klippen

Die fünf schwarzen Engel von Hoy,
Von Fischern gemieden:
Sneuk, Too, Kame, Rora, Berry.

Kirchenältester

Charlag, der die Propheten
Oft genug gelesen,
Fingerte auch das Salzbuch durch, Welle für Welle.

Bauer-Fischer

Meer-Pflug, Fisch-Pflug, Ernährer
Ziehen ordentliche Furchen.
Heringe verknäueln sich wie Augustgetreide.

Krämer

Schnur, Meeressocken: unbezahlt,
Doch im Wirtshaus tauscht Howie
Dorsch gegen Rum.

Neues Boot

Wir taufen das Boot ‹Taube›.
Fahr, sanfte Taube,
Durch Möwen, Ostwinde, Riffe und Wale.

Fischhändler

Der Fischhändler stand am Strand,
Um Stücke matten Silbers
Zu tauschen gegen Schwalle entwischten Silbers.

Hügelrunen

Durst

Pferd am Trog, Drossel am Mühlstein,
Die fünf Pflüger
Sind voll beschäftigt mit dem Zinnkrug.

Kirchenältester

Andrew
Hat dreimal die Bibel gelesen,
Und dann auch das Erdbuch befragt, Furche um Furche.

Schmiede

Die Flammen aus der Esse, das Hämmern und Glühen
Kommen zur Ruhe —
Und liegen als kalter Nagel auf dem Amboss.

Friedhof

Zwischen Steingedicht und Totenschädel berührt
Der April
Ratte, Spaten, Osterglocke.

Traktor

Die Reiter im Stall mit hochrotem Kopf
Von Whisky und Wut.
Der Säufer von Benzin fährt auf den Hügeln.

Das Jahr des Wals

Die Alten verschwinden, nacheinander, wie vertropfende Flammen.
  Zur letzten Lammzeit
    Trug Tammag, der Imker, seine leere Maske
      Zur Honigwabe unter dem Hügel.
        Corston, der das Moor umpflügte,
      Schirrte ab und war weg. Frage:
    Ist Heddle lahm, der berühmte Tänzer, der doch immer
      Tanzte, wo Bogen über Saiten strichen?
Der Friedhof ist voll solcher Namen,
  In Stein gemeißelt. Nur ich und Yule
    Sprechen im Wirtshaus jetzt vom großen Jahr des Wals.

Hin und wieder reizte einer die Wellen, die brüllenden Bullen,
  Mit unbedachter Überfahrt,
    Oder stöberte beim Graben auf dem schneebeladenen Hügel
      Eine Herde auf.
      Oder er glitt vom Gefiedel in den Graben
        Via Viertel und Halbe
    Und lag dort eine Nacht lang benommen vom Korn, und sah
      Beim Erwachen den grausamen Weg des Brotes vor sich;
Doch selbst wer sein Leben führte
  Wie eine heilige Lampe, sparsam mit Öl und Docht,
    Starb im Toben eines einzigen achtlosen Streichholzes.

Vor dem Scabra-Riff sichtete im Morgengrauen der im Ausguck
  Eine Herde.
    Ein mageres Jahr wars, nur Napfschnecken und Krähen
    Und mickriges, befallenes Korn.
    Alles, was flott war,
      Umkreiste die Herde. Seepflüge
    Verwundeten die suhlenden Klumpen aus Donner und Nacht.

    Die Frauen kauerten betend beisammen.
Schon prallte blindlings Wal um Wal um Wal
  Mit roter Wunde auf die Klippen
    Und füllte uns die Winterschränke mit Tran und Fleisch.

Hamnavoe

Mein Vater trug die Post aus,
Über Hinterhöfe, die wie Sagen auf- und zugingen,
    Wenn mit den barbarischen Möwen
    Der Hamnavoer Tag anbrach

Auf den Salz- und Teertreppen. Heringboote
Blähten rote Segel, pflügten
    Kalte Horizonte, lehnten
    Sich in die möwenleere Flut

Und warfen dunkle Netze über Silbererriten.
Ein Karrengaul am Süßwasserbrunnen
    Baggerte Wasser und schlug
    Feuer aus stahlgeküsstem Kopfstein.

Kurz vor Mittag schlenderten vier bärtige Kaufleute
Vorbei am wasserspeienden Molenkopf,
    Rosig vor Gier leierten sie
    Langsam und ernst ihr Kauderwelsch.

Ein Kessler schnäbelte wie eine Möwe
An fischbehangenen Türen. Die Blechzunge
    Des Glöckners verkündete
    «Niggerlied!»... «Englische Kohlenfracht!»...

Im ‹Arctic Whaler› gingen drei blaue Ellbogen auf und ab,
Im Rhythmus der Wellen und von Porterbier schäumenden Bärten,
    Bis der bernsteinfarbene Tag verebbte
    Im schwarzen Bodensatz.

Die Boote zogen Furchen, heimwärts, wie Pflüger
Im Möwengestöber. Messer und Gekreisch
    Gälischer Fischermädchen brachen
    Über Heringschwärme herein.

Und Jungen köderten mit Ruten Schimmerndes
Aus den verschlungenen Strömungen.
    Eine steile Gasse höher erblindeten Häuser
    Gramvoll hinter verhüllenden Netzen.

Die Kirche wogte im Psalmensturm,
Im Gewölbewirrwarr, himmelwärts.
    Pflügerknecht und Milchmagd tändelten
    Unter gebuttertem Mondkuchen.

Mein Vater löschte die Lampe hinter der letzten Tür.
Weil seine heitere Armut
    Meine lilienhafte Unschuld
    Vor Wurm und widrigem Wind bewahrte,

Und weil unter unserer Gleichmachersonne
Alles im selben Topf endet,
    Freue ich mich,
    Im Feuer meiner Fantasie
    Diesen Tag aufzuheben — für ihn.

Eynhallow
Bauer und Kloster

Ich pachte und pflüge ein Stück Schutt,
Nicht größer als mein Mantel,
Ich hab eine Kuh und zwölf Schweine
Und Schafe und ein Boot.
              Schinderei, Stein.

Mein Weib heisst Hild.
Sie ist ein zänkisches Weib.
Macht leidlich Butter und Bier.
Kinderliedchen fallen aus ihrem Mund.
              Strömungen, Stein.

Winter — was ist das? Tausend Sterne,
Schmelzender Schnee, ein leerer Eimer.
Sommers trotte ich als tropfnasser Ochs
Zwischen Pflug und Flegel.
              Schinderei, Stein.

Ich bete, wenn ichs nicht vergesse.
Kommt der Bischof zur Segnung der Herde,
Beicht ich die Sünden, schenke ihm Fisch.
Einst sah ich auf einem Riff eine Robbenfrau.
              Strömungen, Stein.

Zwölf Kahlköpfe kamen auf die Insel.
Sie teilen den Tag durch Terz und Laude.
Heringe sind für sie Silberbrüderlein.
Sie sieben wie Goldstaub die Schollen.
              Tanzen. Stein.

Robbeninsel-Anthologie Auswahl

Markttag

Er kam heim aus der Stadt
Mit Nachrichten
Von Kämpfen in Russland,
Mit roten Erdäpfeln (Äpfeln),
Mit billiger Brille —
Mit Augen wie die eines Ochsen.

Pfarrer

Bürste zwölf Stiefel.
Hol
Wasser vom Brunnen,
Um Köpfe zu waschen,
Denn Kirstag sah das Boot
Von Rousay her kommen
Mit einer schwarzen Säule drin.

Fischerboote im Nebel

Robs Boot ist zurück, blind,
Mit magerem Fang.
Die ‹Teeack› fing nichts. (Dunst, Sonnenperle.)
«Rob, hast du Tam und Mansie gesehen?»
Wessen Geist ist dies,
Getrieben von irren Wirbeln aus Zinn?

Witwer

Seit drei Monaten spricht der alte Stephan
Mit niemandem
Außer der Katze
Und der Spinne hinter dem Bett
Und sich selbst
Und einem Stein auf dem Friedhof
Mit dreizehn Namen
(Der letzte scharf und tief gemeißelt.)

Bauersfrau

Mach Bier. Mach
Butter, Käse, Brot (kleine Sonnen).
Mach
Sommer für Sommer die neunfache Rundung
Mondförmig.
Mach Feuer. Mach einen Stern
Ins Brunneneis.

Totenköpfe

Als ich erstmals die Sternenstarre sah,
War ich ein Kind.
Ich sah Köpfe, vom Meer verzehrt,
Köpfe, vom Schmerz verzerrt,
Köpfe wie Blumen, gepflückt.
Sah den Kopf eines Toten,
Der immer noch
Lacht und feilscht und prahlt am Pier.

Schmied

Wie wilde Bienen
Süßes
Unter einem Stein einschmelzen,
Wie Wurzeln im Dunkeln
Büschel von Primeln
Heraushämmern —

Seit das Mädchen von Clett
Da war,
Mit ihres Vaters schadhaftem Pflug,
Geh ich mit Sonnensplittern
Von der Esse zum zuckenden Amboss.

Brief

Liebe Eltern, endlich
    Hört ihr von mir.
        Am Tag,
Als ich in Kirkwall Arbeit suchte,
      Lud mich ein freundlicher Seemann ein,
An Bord ein Flasche zu kappen.
      Ich erwachte in der Einöde des Meeres.
Ich bin wohlauf. Ich schreibe dies
    An einem Tisch mit schwarzen, goldberingten Händen.

Weisheit

Sagst «Ich habe das Wandersegel im Westen verschwinden sehn.»
Sagst «Goldhand inmitten geernteter Ähren.»
Sagst «Damals im Frühjahr aßen wir Algen und Schnecken.»
Sagst «Ich habe zehn, gar ein Dutzend Augen geschlossen.»
Sagst «Der Gutsherr wird immer jünger und raffgieriger.»
Sagst «Es mehrt sich das Unsagbare.»

Dann ist es Zeit,
Verlöschte Lampen und geknickten Atem zu verlassen
Und alt ins Morgenlicht zu rudern.

Amerikaner

Sander ist zurück aus Goldminen und Eisenbahnen,
Es näselt ihm wie
Musik aus der Nasenwurzel.

Pflügerwettkampf

Kommst du heute Nacht,
Fischer,
Dann nimm den Strandweg.
Der Bergweg
Schwankt vor bierroten Pflügern.

Uhr

Früher hatten wir Sonne, Sterne, Schatten.
Heute
Hängt in Gretas Haus ein Kasten
Mit Zahlen und Rädchen
Und Tick-Tick, Tack-Tack frisst der Käfer
Die Zeit an der Wand.

Vogelscheuche

Als Stecken mit Lumpen
Lehn ich mich in den Sonnenwebstuhl.

N e i d

Ich wollte, ich wäre Andrew:
Der steht
Mit hell glitzerndem Ring
Neben dem großen Weiß
In der stummen Scheune
Heute Nacht,
Wenn der Pfarrer das runde Gold von Finger zu Finger zwängt.

Ich wäre lieber Andrew
Als der Gutsherr
Mit dem Büffet voll Silber
Und Seidenvorhängen
Und seinem Sitz im Parlament.

Ich wäre lieber
Jener Pflüger
Als Lord Raglan auf wieherndem Steinpferd
Oder Königin Victoria auf Tausende Münzen geprägt.

K a t z e

Für Dave Brock

‹Schwinger› kam auf sanften Pfoten
Mein Fisch wurde zum Nadelgerippe,
Eh mein Messer den Silberbauch aufschlitzte.

‹Schwinger›, der einäugige Pirat,
Stahl
Mir meine goldene Butter.

‹Schwinger›, der Heimatlose, sitzt bei mir am Feuer,
Sechs Nächte lang,
Während der Mond sich im Kristallloch verkroch.

Mein Torf zischt rot im Winterkamin.
‹Schwinger› singt.

Der Gutsherrengarten

Wer müßig ist im Sommer (sang die Biene),
Trödler und Träumer und Säumer,
Der hat im Winterhaus
Nur leere Krüge im Schrank.

Plündere doch die Sonne (höhnte der Schmetterling),
Sammle. Spare. Schmiede Ränke.
Imkerhand und Maske holen dann doch alles.

Schau, wie die gewandeten Damen und Tulpen umherwandeln
(sprach die Biene),
Schau, auf dem Friedhof
Die wohl duftenden Staubwirbel.

Die Königin und ihr Goldschatz (sagte der Schmetterling),
Wo sind sie,
Wenn der Eiskönig
In uralter Rüstung durch den Garten zieht?

Grabstein

Plötzlich trällerte ein Stein
Von Bellas Güte,
Treue,
Fruchtbarkeit,
Die Zahlen
Von Bellas Anfang und Ende.
Wie eine Harfe sang er, der Stein!

James-William von Ness
Legte eine Münze
In die staubige Steinmetzhand.
Fünfzig Jahr ists her.

Wind, Schnee, Sonnengewebe.

Der Stein ist bloß noch Geflüster.
Bald
Schweigt er.

....

Nordlicht

Die Polarfrau ist da heute Nacht.
Kommt und schaut.
Sie tanzt
In einem Mantel aus grüngelben Flicken.
Sie beugt sich
Über den Sternenzaun.

Wer ists? Ein Kesslerkind?
Trägt sie glänzende Kannen
Aus den Feuerstellen zum Steinbruch?

Ich glaube
Es ist eine Prinzessin im Seidenkleid.
Sie dreht eine Schale aus grünem Kristall in den Händen.

Kommt und schaut!
Sie wandelt im Norden, die Winterhexe.

Schnee und Tau

Die erste Schneeflocke nannten wir
«Silbermotte».

Den Hügel grüßten wir anderntags
«Moby Dick»!

Sonne auf See
Blausilbern blendende
Spiegel.

Der Tau war ein alter schmuddeliger Tramp,
Der im Regen
Im Grab gelegen.

Warmbier

Zirkus in Hamnavoe.
    Kann es sein:
        Ein Mann schluckt Feuer,
     Ein Clown mit fleckigen Wangen?
          Ihr solltet meinen Jock sehn,
              Wenn er den glühend roten Haken
Fünf-, sechsmal in den Bierkrug gesteckt.

Wanderer

Vor zehn Türen stand ich auf der Insel.

Unter der ersten Tür
Zeigte man mir den Hundezahn.

Unter der zweiten Tür
Gab man mir einen stinkenden Fisch.

Sinnlos unnützes Geplapper
Unter der dritten Tür.

Gefiedel wie eine gequälte Katze
Unter der vierten Tür.

Unter der fünften Tür
Ein Totenkopf im Schal, Getuschel.

Sechste Tür, siebte Tür, achte Tür
Zu.
Im Regen stand ich, ein Mann auf Widerruf.

Dämmerung unter der neunten Tür,
Ein Stern, ein Kuss.

Komm ich zur letzten Tür,
Hol mich, Erde,
Rasch
Aus all diesen Händen, golden wie Korn, silbern wie Meer.

Der Falke

Am Sonntag stürzte sich der Falke auf Bigging,
    Und ein Küken schrie
    Im eigenen kleinen Schneesturm.

Und am Montag stürzte er sich aufs Moor,
    Und der Naturschutzverein
    Hob hundert stumme Feldstecher hoch.

Und am Dienstag stürzte er sich auf den Hügel,
    Und das sorglose Lamm
    Begriff nie, warum der Hund sich laut über es warf.

Und am Mittwoch stürzte er sich auf einen Busch,
    Und die Amsel
    Legte ihr Flötchen ein letztes Mal weg.

Und am Donnerstag stürzte er sich auf Cleat,
    Und Klein Toms Hase
    Lief in großem Bogen vom Strand zum Berg.

Und am Freitag stürzte er sich in einen Graben,
    Aber die wildernde Katze —
    Diese Rivalin! — schnellte hoch und ließ ihn abflattern.

Und am Samstag stürzte er sich auf Bigging,
    Und Jock senkte das Gewehr
    Und nagelte einen Flügel über das Korn.

Torfstechen

Und wir sprangen im Dunkeln aus dem Bett,
Und wir fuhren mit dem Karren auf den Hügel,
Und wir begruben den Bierkrug im Moor,
Und es glitzerten die Klingen im Frühlicht,
Und wir rissen dunkle Brocken, dicke Seiten
    Aus dem Feuerbuch,
Und wir legten sie feucht ins Heidekraut,
Und Bremsen — giftige Haken —
    Staken in unsern Armen,
Und wir zogen die Mäntel aus,
Und unsere Spaten sanken tief ins Wasser,
Und der Herr des Moors, der Falke,
    Umkreiste die Sonne,
Und am Mittag lehnten wir auf die Spaten
    — Der kühle Krug aus dem Grab
    Berührte mädchengleich den Kreis glühender Münder,
Und der Junge fand eine Wildbienenwabe,
Und schon lachte sein Mund,
Und der Falke fiel,
Und die Lerche stürzte als blitzende Nadel in den Westen hinab,
Und wir legten tausend Torfbrocken hin,
    Zwischen dem einen Sommerstern
Und dem schwarzen Feuerchaos im Erdinnern.

Liebesbrief

An Mistress Madeline Richan, Witwe
In Quoy, Gemeinde Voes
Im Heumonat

Die Alte saß im Stuhl, mit offenem Mund,
Ende April.
Der Boden ist nicht mehr ein blauer Spiegel.
Und auf dem Tisch liegen Fliegen und Krümel.
Auch ist die Lampe kaputt.
Ich führe den Laden vorne am Haus,
Mit Zucker, Tee, Tabak und Petrol
Und pst! — ein Glas Whisky.
Ich habe eine Kuh, eine Butterdame, im hohen seidenen Gras
Und sieben Schafe auf dem Moorfea.
Die Bauernmädchen sind mir zu jung.
Nur Gekicher, Lippenstift und Schallplatten.
Komm über den Hügel am Freitagabend.
Tritt ein, ohne Klopfen,
Wenn du eine rote Rose im Fenster siehst.

Ein Kinderkalender

Im Januar: kein Besuch.
Ein Schneemann schmaucht im Hof sein kaltes Pfeifchen.

Wie uralte Frauen stehen sie herum,
Die Februar-Hügel.
Sie haben manch Kommen und Gehen gesehen, die Hügel.

Im März ist der Moorfea übersät
Mit knickbeinigen Lämmchen.

Im April: Osterglocken vor der Tür,
Drei verhüllte Marien.
Eine Lerche produziert sich in den Vorhallen des Himmels.

Im Mai
Schlagen Torfstecher mit Spaten das Moor,
Um schwarzes Feuer aufzustöbern.

Die Juni-Biene
Bummert ans Fenster mit schwerer Beute.

Im Juli wimmelts von Fremden
Mit Kamera, Feldstecher und Vogelbuch.

Im August prallte er ans Riff,
Der blinde, blaue Wal.

September-Höfe versinken in blonden Wogen,
Sie schuften, die Schnitter,
Und schleppen Brot und Bier winterwärts.

Im Oktober steht der Fischhändler am Strand,
Er feilscht, beschwört und droht.

Im November: nichts
Als Kessler an der Tür mit Kannen und Klagen.

Mitten in einer Dezembernacht:
Wärm dich, Christ, Herr, in unserm Stall.
Hier gibt es Sterne, Ochs und Armut zur Genüge.

S a l l y
E i n   I d y l l

Für Charles Cansley

1

Drei Erntetage fehlte sie in der Schule.
Sally — krank!
Jetzt
Hör ichs aus den Garben locken, drohen, rufen.
Da — das Licht ihres Haars
Im gebrochenen Gold des Hügels!

2

«Sally,
Was solls, du kommst zu spät zur Schule!»
Sie hörte es, zögerte, trödelte.
Schweigend ebbte, wirbelte, flutete sie.
Sie zupfte
Graue Wollbüschel
Vom surrenden Stacheldraht,
Die schwänzende Sally.
Aus einer Wolke regneten Lerchen auf sie nieder:
Ein ungewohnter Schauer.

3

Sally und ich rauften.
Ich selbst habe
Ein Pflaumenaug
Und von ihr
Drei Strähnen sonnenhelles Haar
Zwischen den blutigen Fingern.

4

Oben von der Festung
Sieht man weiterum
Das Erdenrund und westlich das Abendrot schwelen.
Heimwärts reitet der Gutsherr.
Schon regen im Heidekraut sich Fliegen und Mücken.
Die Schiffe sind mit schlidderndem Silber zurück vom Meer.
(Drei Fische legte ich ihr vor die Tür.)
Der Westen ist nun ein tiefroter, dann nachtschwarzer Balken.
Der Wind wird kühler.
Unter dem ersten Stern kein Mensch —
Nur Sally und ich.

Die Erde zerschellt am Sternenriff.
Wir beide ertrinken.

5

Sally, die Braut,
Schwebt schwanengleich
In die Kirche.
Drinnen singen die Hochzeitsgäste.

Einsam wende ich mich
Wie der Ochs zur Winterfron.

Der große Wind

Der Sturm jagte unseren Eimer als scheppernde Glocke
Über die vier Höfe,
Brach die Kreise von Welle und Möwe,
Zerfetzte die Heuhaufen,
Warf die Totensteine um,
Trieb die ‹Beagle› auf Grund,
Wirbelte Rosenblätter und Gischt um den Merran-Fels,
Versetzte drei Hühnerhäuser aufs schäumende Meer
    (die Hähnchen rasten himmelwärts).
Der Falke stand reglos über dem Hügel.

The Big Wind

The big wind trundled our pail, a clanging bell
Through the four crofts,
Broke the clean circles of wave and gull,
Laid the high hay in drifts,
Beat down the stones of the dead,
Drove the *Beagle* aground,
Whirled rose-petals, spindrift, round Merran's head,
And set three hen-houses (cockerels raging aloft)
    on the crested Sound.
The kestrel stood unmoving over the hill.

Schneemann

Klirrende Eisketten zwischen
Dem Himmel und dem eisstarren Bach.
Kristallskulpturen sind die Schwäne
Auf dem See.
Drei Kinder zerreißen die neue, weiße,
Wallende Seide.
    (Glas splittert aus ihrem Mund!)

Sie hüllen König Winter
In leuchtende Lumpen.

Snowman

Chime of ice chains between
Sky and freezing burn
Swans on the loch are crystal
Sculptings.
Three children rend the new white
Flowing silk.
    (Splinters of glass scatter from their mouths!)

In radiant tatters they robe
The Winter King.

Fischer im Winter

Ein jäher Sturm, ein Sog —
Nichts mehr konnten wir sehen; das Boot
Tanzte zwischen
Riffen und Klippen.

Die Inseln tappten wie blinde Wale
Um uns herum.
Aufbrausen, Niederklatschen,
Und alles stöhnte.

Zur Nacht stellten Bauersfrauen Steinlampen
Auf die Klippen.
Im Dorf machte heute
Der Lampenanzünder nicht

Sein funkelndes Netz an.
Nur *einen* Stern sah der Steuermann
— Schon erlosch er wieder.
Doch er wies hin

Auf eine Ödinsel mit nur *einem* Gehöft.
Wir strandeten auf Fulmar.
Aus dem Korb brachten wir
Zwei Fische zum Hoftor hinauf.

Ein Wintermärchen

Auf einer Insel entkommt keiner
    Dem Meer.
Ringsum Gischt und Möwen.
Jeder Weg ein Weg zum Meer.

Hier bleib ich nicht lange.
«Ich suche ein Haus», sagte ich.
Der Fährmann im Boot
    Schüttelte den Kopf.

Drei Greisinnen murrten,
Als wär ich gekommen,
Ihnen das Dach
    Über dem Kopf anzuzünden.

Ein Junge horchte auf,
Als hätt ich aus einem Märchen
    Zu ihm gesprochen.
Sein Zeigefinger ging in die Höh,
Doch welkte er rasch
    Wie eine Blume im Einmachglas.

Der Schmied
Hatte nie von diesem Haus
Gehört.
Der Büttel blätterte die Seiten
    Eines alten Buches um
Und schüttelte den Kopf.

Der Lehrer hörte
    Ernsthaft zu.
Der Gutsherr
War nicht mal bereit,
    Die Türe aufzutun.

Und das Meer! Meeresklagen
An der Nordspitze
    Im Dunkeln.
Sobald der Westwind abflaue,
Könne er, sagte der Fährmann,
    Das Tau fieren.

Der Wirt hat ein einziges Zimmer,
    Sehr teuer.
«Es gibt keine Touristen
    Zu dieser Jahreszeit.»

Bis Mitternacht hatte ich
    Vor jeder Tür
Der Insel gestanden — außer einer:
Der eines Schafstalls.

Lux Perpetua

Ein Stern für die Wiege
Sonne für Pflug und Netz
Ein Feuer für alte Sagen
Eine Kerze für die Toten

Ewiges Licht
In solchen Schimmern
Suchen wir dich

George Mackay Browns letzte Weihnachtskarte (1995).

Lux Perpetua

A star for a cradle
Sun for plough and net
A fire for old stories
A candle for the dead

Lux Perpetua
By such glimmers we seek you

Der sechzehnte April

Was brachten sie dem Heiligen dar?
Die Hirten ein Schaffell.
Im Winter gabs viele Lämmer im Schnee.

Was brachten die Dunklen?
Die Kessler brachten Magnus
Eine neue blanke Büchse. Die Hämmer hämmerten nächtelang.

Was brachten die Fischer dem Heiligen?
Ein fischloser Fischer
Hängte Fetzen vom Netz an die Kirchenmauer.

Und die Bauernjungen schenkten ihm
Zartes, Heiteres, Keusches
Und lobten und priesen ihn.

Die Frauen suchten ihren Märtyrer auf
Mit Webwaren
Und gesalzener Butter für die Armen der Insel.

Und die Armen der Insel
Kamen mit ihrem Hunger
Und gingen mit gekreuzten Händen hüttenwärts über den Hügel.

Der 16. April ist St. Magnus, der Tag des Orkney-Heiligen.

Arbeit für Dichter

Eingekerbt zu haben in die Tage
    unserer Eitelkeit
Eine Sonne
Ein Schiff
Einen Stern
Einen Kornhalm

Auch einige Zeichen
Aus ferner, vergessener
    Zeit
Lesbar für Kinder

Dass nicht weit vom Stein
Ein Brunnen
Sich öffne für Wanderer

Dies ist die Arbeit für Dichter:
Runen einkerben
Dann sich begnügen mit
    Schweigen

A Work for Poets

To have carved on the days
    of our vanity
A sun
A ship
A star
A cornstalk

Also a few marks
From an ancient forgotten
    time
A child may read

That not far from the stone
A well
Might open for wayfarers

Here is a work for poets —
Carve the runes
Then be content with
    silence.

Nachwort

George Mackay Brown ist, seit ich seine Werke kennen lernte, für mich der Inbegriff des Dichters. Geboren und aufgewachsen ist er in Stromness (das in seinen Werken den ursprünglichen Namen Hamnavoe trägt), dem zweitgrößten Ort auf den Inseln nordöstlich von Schottland, den Orkney. Dort hat er, unterbrochen lediglich von Studien- und Krankenhausaufenthalten in Schottland, immer gelebt — mitten in der kleinen Stadt, in einer winzigen, bescheidenen Wohnung; an deren Außentür stand nicht etwa sein Name, dort war nur ein Zettelchen angeklebt: «Bin von 10 bis 14 Uhr an der Arbeit.»

Die Orkney lagen seit Urzeiten bis nach dem Zweiten Weltkrieg quer zu den großen Meeresrouten und waren fast ununterbrochen Durchgangsstation, Besitz- und Ausbeutungsobjekt. Ob Wikinger, Norweger, Dänen, Iren, Schotten, Briten — immer suchte jemand die Oberherrschaft, immer wollte jemand aus den Fischer- und Bauerninseln und ihren Bewohnern alles und noch mehr herauspressen — Könige, Kaufleute, Walfänger, Wikinger bis hin zu den Touristen. Das ergibt eine äußerlich bewegte Geschichte und auch einen besonderen, schicksalsergebenen Menschenschlag, der sich der Unausweichlichkeit der Heimsuchungen bewusst ist, dessen Konturen aber jetzt, in Zeiten der Globalisierung und der Freizeitindustrie, verblassen.

Die orkadische Geschichte, ihre Menschen und der Einbruch der Neuzeit sind das Thema von George Mackay Brown, sei es in den Romanen und Kurzgeschichten, in autobiografischen Notizen, in Hörspielen und Dramen, in Märchen, Kindergeschichten oder in Gedichten. Die Orkney sind Mittel- oder Ausgangspunkt, natürlich auch von Seereisen, wie zum Beispiel nach Amerika — Weinland — oder nach Russland, was schon im Jahr 1000 für die Bewohner der nördlichen Atlantikinseln nichts Außergewöhnliches war.

Auch Browns Gedichte handeln und leben von seinem Mikro-/Makrokosmos. Brown selber schreckte vor längeren Reisen stets zurück und bezeichnete sich als «Wort-Reisenden», der seine Reisen durch Raum und Zeit bloß von seinem Arbeitsplatz am Küchentisch aus unternahm. Selten lebte ein Dichter in einem so kleinen «Land» und machte daraus eine so große lebendige Welt, in der alles passiert von der unscheinbarsten Einzelheit im Haus einer alten Frau bis zu Kriegen, Taten und Ereignissen, die Weltgeschichte verändern.

Browns Erfahrung der Welt und seine Wortkunst stimmen völlig überein. Die Form des Gedichts kommt ihm sehr entgegen: karg und schnörkellos ist sein Stil, ohne große Gesten. Inhaltlich verkürzt er Vorgänge und Gespräche auf die Essenz zwischen den vier Punkten Meer, Erde, Mensch, Schicksal, wie dies in den nordischen Sagas geschieht, die ihm als Vorbild dienten. Sein Standort ist der des aufmerksamen, kenntnisreichen Beobachters mit dem Auge für zwischenmenschliche Vorgänge und einem feinen Ohr für die Sprache sowohl seiner Orkadier wie der fremden Herren. Das Meer steht nicht nur als Bild für Lebenskampf und Gefühlsausdruck des Menschen, sondern es ist die bestimmende Kraft, die alltägliche Wirklichkeit; an ihm kommen weder der einzelne Mensch noch historische Mächte vorbei.

Auch in den Gedichten dieser Auswahl ist das Meer allgegenwärtig, fast in jedem Text «schaut es (zumindest) herein». Und im Gedicht ‹Der Sturm› zum Beispiel packt es des Dichters Sprache: In dieser Ballade sehen wir Bilder und hören wir Getöse, die Browns Zurückhaltung übertönen. Doch die kraftvollen Worte sind Ausdruck eines heiligen Respekts vor der höchsten Gewalt, von der, nach der Sonne, alles abhängt. Daneben stehen zarte und doch standhafte Miniaturen wie ‹Sally›, ‹Steuereintreiber›, ‹Katze›, ‹Pflügerwettkampf›, ‹Pfarrer›, aus denen ruhiger Humor, Gelassenheit und Liebe zur Lebensumgebung und zu den Menschen leuchtet.

Wer George Mackay Browns Gedichte liest, ist vielleicht nicht rasch, dann aber umso stärker zu Hause — mitten unter genügsamen, schicksalserfahrenen Menschen, eingebunden in kleine Flecken Erde und überall umgeben vom Meer.

Beat Brechbühl